POESIE DI UGO

Ugo Zinzeri

Youcanprint *Self-Publishing*

Titolo | Poesie di Ugo
Autore | Ugo Zinzeri
Immagine di copertina | a cura dell'autore
ISBN | 978-88-91167-56-9

Youcanprint Self-Publishing
Via Roma, 73 - 73039 Tricase (LE) - Italy
www.youcanprint.it
info@youcanprint.it
Facebook: facebook.com/youcanprint.it
Twitter: twitter.com/youcanprintit

A VICCHIAREDD

CHIAN, CHIAN A VICCHIAREDD S' N' Và
PU VARRICCHIJ D' L'ACQUA SOP U TUPP
MENTR, A FUNTAN, L' CRSTIAN S' STANN
ARRAJà,
P' CHEDDA POCA IACQU CA A CAS ANNA
PURTà.
TIEMP TUOST IERN ALLOR,L'ACQU JNTR A
CAS NON G'NER,
E TUTT A FUNTAN AVIERNA SCI,
P'IENGHJ L' SICCHJ U VARRICCHJ E U
PRAL.
SOP U TUPP U VARRICCHJ CHIAN, CHIAN A
VICCHIAREDD
S' N' VA, IJ M'ADDUMANNAJ : MA ADDò A
PIGGHJN
TUTT CHEDDA FORZ?:
SOP A CAP PURTAVN A FASC D' L' LEUN,
OPPUR NA CEST O NU VARRICCHJ,
EPPUR IJERN VECCHIJ E CHIAN, CHIAN,
L'VICCHIJAREDD L' PURTAVN.
U TIEMP E PASSAT E U VARRICCHJ,
U VUMML, U PRAL NON SAPN CHIù
CE NANNA Fà E INTANT A VICCHIAREDD S'
N' VA.

TRADUZIONE
LA VECCHIETTA
PIANO PIANO LA VECCHIETTA SE NE VA
COL BARILE DI ACQUA SULLA TESTA (U
TUPP CAPELLI ARROTOLATI SULLA TESTA)
MENTRE ALLA FONTANA, LE PERSONE
LITIGANO
PER QUELLA POCA ACQUA CHE A CASA
DOVRANNO PORTARE.

TEMPI DURI ERANO ALLORA,
L'ACQUA IN CASA NON C'ERA
E TUTTI ALLA FONTANA DOVEVANO
ANDARE
PER RIEMPIRE I SECCHI I BARILI O GLI
OTRI.
SOPRA LA TESTA IL BARILE
PIANO PIANO LA VECCHIETTA SE NE VA,
IO MI CHIEDEVO, DOVE PRENDEVANO
TUTTA QUELLA FORZA?
SULLA TESTA PORTAVANO
I FASCI DI LEGNA, OPPURE UNA CESTA O
UN BARILE,
EPPURE ERANO VECCHI E PIANO PIANO
LE VECCHIETTE LE PORTAVANO,
IL TEMPO è PASSATO E IL BARILE,
U VUMML (CONTENITORE PER
MANTENERE L'ACQUA FRESCA),
L'OTRE NON SANNO Più CHE FARSENE,
E INTANTO LA VECCHIETTA SE NE VA.

I RICORDI DEL PASSATO

IL RICORDO EMERGE DAI MEANDRI DELLA
MENTE,
A RICORDARE MOMENTI FAZIOSI, GIOIOSI,
O MOMENTI BUI, TEMPESTOSI DI
DISPERAZIONE.
SE QUALCUNO NEI RICORDI GIOIOSI SI
LASCIA ANDARE, SI COMPIACE E SENTE
CALDO AL CUORE.
SE I RICORDI SONO TRISTI,
SI LASCIA PRENDERE DALLO
SCONFORTO.
CACCIA VIA I BRUTTI RICORDI,
NON TI ANGUSTIARE,
SFORZATI DI NON PENSARE A NIENTE.
VEDRAI TI SARà GRADITA COME
LA FRESCA ARIA NOTTURNA,
IN CONFRONTO DELL'ARIA
CALDA DEL GIORNO.

CONSIGLI NATURALI

TU SAI COSE LA NATURA?
TU SAI COSA VUOLE IL CIELO?
ESSI SONO SIMILI IN OGNI LUOGO,
IN MODO CHE TUTTI POSSONO AVERE I
LORO DIRITTI.
IL TUO CUORE AVRà, SOLO QUELLO CHE
LA NATURA GLI Dà,
NON CI SARà TRACCIA DI ALTRI DESIDERI,
IMPARERAI CHE TUTTI I MALI CHE
AFFLIGGONO LE PERSONE,
SONO IL FRUTTO DEI LORO VIZI.
C'é SOLO UN MODO PER POTERTI
SALVARE,
VEGLIA SULLA TUA SALUTE,
USA MODERAZIONE,
NEL BERE, DEL CIBO, DEL FUMO e RIPOSO
NOTTURNO O DIURNO.
ABITUATI AD AVERE UN VITTO PURO,
SE OCCORRE PRETENDILO!
ASTIENITI A FARE COSE CHE ATTIRANO
L'INVIDIA.
IN TUTTE LE COSE BISOGNA PENSARE, AL
GIUSTO
E AL BUONO.
NON SPENDERE Più DEL DOVUTO,
NON ESSERE AVARO, IN OGNI CASO,
SII MODERATO:

MONTALBANO JONICO

MONTALBANO, RIDENTE CITTADINA CHE DOMINA LA VAL D'AGRI,CIRCONDATA DA CALANCHE CRETACEE, GUARDA CON IMMENSO PIACERE I PAESAGGI NATURALI CHE SI ESTENDONO A VISTA D'OCCHIO, DELIZIA DEI FORESTIERI. SOTTO DI ESSA UN IMMENSO VERDE COMPOSTO DA FRUTTETI E ULIVETI CHIAMATO L'ISCHIA , DIETRO IL FIUME AGRI E ANCORA DIETRO LE MONTAGNE. IMMENSI PAESAGGI DIPINTI DALLA NATURA DOVE NON CI SI STANCA DI AMMIRARE,LE PARETI DELLE CALANCHE COSPARSE DI CONCHIGLIE FOSSILIZZATE L'ODORE DEGLI ARANCETI IN FIORE MISTO CON LA BREZZA MARINA DEL MAR JONIO. OGNUNO SI SOFFERMA A CONTEMPLARE UNA COSì MERAVIGLIA DELLA NATURA DOVE IN NESSUN' ALTRO POSTO AL MONDO SI PUò TROVARE. QUESTA é MONTALBANO JONICO. GIOITE MONTALBANESI PER LA RICCHEZZA CHE AVETE E BATTETEVI PERCHè QUESTO NON CAMBI E CHE NESSUNO MAI LA DETURPI.

A' JOOL!

Cé JOOL CA M' VEN QUANN PENS A'
MUNTALBAN.IJ CA SO NAT A TERRA
VECCHIJ ADDò TUTT QUANT S'
CANUSCIERM. U TIEMP CAGGHIJA PASSAT
A CAZZA L' TURTUREDD P' SCIUCà P' L'
CUMPAGN U RAGN O U CIERCH, STAVIERM
A SCIUCà MIENZ A STRAD U PICC E A
MAZZ,O P' L' SCIUCATUR U SCCAFF O U
Pà,U ZUMPA CAVADD O A
MUCCIATEDD.NON TNIERM NIENT E
TNIERM TUTT COS, CHEDDCA S' CHIAM
CREATIVITà L' SATUSCN CA SCIERM A
PIGGHìà INTRA A L' CALANGH E PO
AVIERMA DIFEND A PISCUNAT P' Fà U FUOC
A SANT'ANTUON DAIJRET A CHIES. MO Cé
TNIMM SUL A IJOOL D' L' TIEMP PASSAT E
VU CA SIT L' GIUOVN D' MONTALBAN STA
IJooL A TNIT.

TRADUZIONE
A JOOL (LA VOGLIA)
CHE VOGLIA CHE MI VIENE QUANDO
PENSO
A MONTALBANO, IO SONO NATO ALLA
TERRA VECCHIA,
DOVE TUTTI CI CONOSCEVAMO,
IL TEMPO CHE HO PASSATO AD APPIATTIRE
I TAPPI
PER GIOCARE COI COMPAGNI AL RANGO
O AL CERCHIO, ERAVAMO A GIOCARE IN
STRADA
AL BUON GIOCO BALILLA O CON LE
FIGURINE
O ALLO SCHIAFFO O AL PA, AL SALTA

CAVALLO
O AL NASCONDINO.
NON AVEVAMO NIENTE E AVEVAMO TUTTO,
QUELLA SI CHIAMA CREATIVITà,
GLI ARBUSTI CHE ANDAVAMO A PRENDERE
NELLE CALANCHE E POI DOVEVAMO
DIFENDERLE
A SASSATE PER POTER FARE IL FUOCO
A SANT'ANTUONO DIETRO LA CHIESA.
ADESSO COSA ABBIAMO, SOLO LA VOGLIA
DEI TEMPI PASSATI E VOI CHE SIETE
GIOVANI
DI MONTALBANO, STA VOGLIA CE L'AVETE?

MONTALBANO NEL CUORE

MONTALBANO NEL CUORE
NON CHIANG QUANN T' N' VAIJ
MA CHIANG QUANN NON PU TURNà.
M' RCORD U 16 DCEMBR DU 67,
QUANN M' NAGGHJA SCIUT DA
MUNTALBAN,
MAJ PUTIA PNSà ,
CA NON PUTJA CHJU TURNà.
COM M' STRNGIJ U COR SOP A CUDDU
TREN
CA ME PURTAT ASSAIJ LUNTAN,
DA MUNTALBAN, DA L' NONN, DA L'
CUMPAGN', DA TERRA VECCHIJ CA ME VIST
CRESC E DA CCILL STOJA, CA JER COM
N'ATTAN P' ME.
CHIù TIEMP PASS E CHIù G' PENS,
E U' COR CHIANG E TANT LACRM SCENNN,
PCCHé NON POSS CHIù TURNà.
U COR S' STRENG SEMP D' CHIù,
CHIù TIEMP PASS E CHIù G' PENS.
SUL QUANN TORN M' POSS PRSCIà,
CUDD COR CAGGHIA LASSAT,
AGGHIA TRUà, MUNTALBAN COR MIJ,

TRADUZIONE
MONTALBANO NEL CUORE
NON PIANGERE QUANDO TE NE VAI,
MA PIANGI QUANDO NON PUOI TORNARE.
RICORDO IL 16 DICEMBRE DEL 67
QUANDO ME NE SONO ANDATO DA
MONTALBANO,
MAI POTEVO PENSARE CHE NON POTEVO
Più TORNARE.
COME MI STRINGEVA IL CUORE SU QUEL

TRENO CHE MI PORTAVA ASSAI LONTANO,
DA MONTALBANO, DAI NONNI, DAI
COMPAGNI,
DALLA TERRA VECCHIA CHE MI HA VISTO
CRESCERE
E DA CICCILLO STOJA CHE ERA COME UN
PADRE
PER ME.
Più TEMPO PASSA E Più CI PENSO E IL
CUORE
PIANGE E TANTE LACRIME SCENDONO
PERCHè NON POSSO Più TORNARE,
IL CUORE SI STRINGE SEMPRE DI Più,
Più TEMPO PASSA E Più CI PENSO
SOLO QUANDO TORNO POSSO GIOIRE,
QUEL CUORE CHE HO LASCIATO
DEVO TROVARE, MONTALBANO CUORE
MIO
E CHI TI Può SCORDARE.

PEPPINO MAMONE

CHIù DI QUALCUN, ANCOR SU RCORD, NU POVR CRSTIAN CA NGER A L' TIEMP NUOSTR. PURTAIJ NA COPPL, NA GIACC E NA CAMMIS, NU PICCA SPORC A DISC A VRTà, IER TARCHIAT, L' SOPRACCIGL FOLT, NA FACCIA JROSS E TONN,IER TARCHIAT MA NON FASCIJ MAL A NISCIUN, NU POC RTARDAT MA RSPTTAV A GENT.IER NU POVR IOMN, EPPUR A CATTVERIJ DA GENT, IER ASSAJ, S DVRTIERN ha PIGGHJARL IN GIR E U FASCIERN NCAZZA , IJDD SUNAV A TRUMBETT E S' LIMTAV AMPRCà. FASCIJ FATIJ UML E QUANN NGER QUALCOS D NUOVO A U MRCAT FASCIJ U SCITTABBAN P' CHEDDA TRUMBETT CA TNIJ GRAV P'L' STRAD L' CUOZZ E L' STRETTUL DU PAIS. A GENT VNIJ AVVSAT E IJDD UARAGNAV QUALCOS. CUSS P CI NON U SAP,FASC PART DA STORIJ D MUNTALBAN. A GENT S' DVRTIV A CMNTARL MA MO SU RCORDN P'AFFETT E NOSTALGIJ E NON CHIù COM NU SCIUCARIEDD.

TRADUZIONE
PEPPINO MAMONE
Più DI QUALCUNO ANCORA SI RICORDA, UN POVERO CRISTIANO CHE C'ERA AI TEMPI NOSTRI, PORTAVA UNA COPPOLA, UNA GIACCA E UNA CAMICIA UN PO SPORCA A DIRE LA VERITà, ERA TARCHIATO, LE SOPRACCIGLIE FOLTE,UNA FACCIA GROSSA E TONDA, ERA TARCHIATO MA NON FACEVA

MALE A NESSUNO, UN PO RITARDATO
MA RISPETTAVA LA GENTE, UN POVERO
UOMO,
EPPURE LA CATTIVERIA DELLA GENTE ERA
ASSAI,
SI DIVERTIVANO A PRENDERLO IN GIRO E
LO FACEVANO
INCAZZARE, LUI SUONAVA LA TROMBETTA
E SI LIMITAVA
A IMPRECARE. FACEVA LAVORI UMILI E
QUANDO C'ERA
QUALCOSA DI NUOVO AL MERCATO,
FACEVA IL BANDITORE
CON QUELLA TROMBETTA CHE AVEVA,
GIRAVA PER
LE STRADE I VICOLI E LE STRETTOIE DEL
PAESE.
LA GENTE VENIVA AVVISATA E LUI
GUADAGNAVA
QUALCOSA QUESTO PER CHI NON LO SA
FA
PARTE DELLA STORIA DI MONTALBANO, LA
GENTE
SI DIVERTIVA A SCHERZARLO MA ADESSO
SE LO
RICORDANO CON AFFETTO E NOSTALGIA
E NON Più COME UN GIOCATTOLO.

RICORDI

SE CHIUR L'UOCCHJ VEC ANCOR
MUNTALBAN D' NAVOT. PU C'RVIEDD M'
TRASPORT ADDò SO NAT,IER NA CAS
AFFIANC U COMUN, NU STANZON BELL
JRANN CA FASCIJ DA CUSCIN, SOGGIORN
E STANZA DA LIETT. DADDà SIM SCIUT A
ABITà DAJRET A CHIES. ADDONCA SO NAT
FESC'R A BIBLITEC COMUNAL, M' RCORD
CA NGER NA GRAT E DAJNTR NGERN
FUCIL, PSTOL, PUGNAL, SPAD E MEDAG,
SOP U PAVMENT CIRCUNDAT DA NA CATEN
NGER NU CANNON, DVERS QUADR CA
RAPPRSNTAVN CAVOUR, MAZZINI E
GARIBALDI. TUTT ATTUORN NGERN L'
SCAFFAL CHJIN D' LIBR. JSSEN A DESTR S'
COSTEGGIAV U COMUN, A PORT
D'INGRESS ,U CLUB D' L' SGNUR E A POST.
PASSAN SOTT U RLOSC, A DESTR NGER U
MACELLAJ D' FRONT U BARBIER, DOP NA
STRETTUL D' FRONT N'ATA STRETTUL,
CAMMNANN A STRAD S' DVDIJ A DESTR S'
SCIJ U MULIN D' GIUANN DONADIJ E L'
CALNC D' MAST ROCC U SANGIURGES. A
SNISTR A NU LARIAL A NANGUL NGERN
TUTT L UAGNEDD ASSTAT A ROT CA S
MPARAVN A RCAMà SCENN CHU NANZ A
STRAD S NCRUCIAJ PU CUOZZ ADDò NG
SO L' CALANC CA COSTEGGN P' TRE
QUART U PAIS. QUANTA BELL RCUORD, MA
MO VAGGHIA LASSA, A PROSSMA VOT V'
CONT NATU PIEZZ D' MUNTALBAN.

TRADUZIONE
RICORDI
SE CHIUDO GLI OCCHI VEDO ANCORA
MONTALBANO
DI UNA VOLTA, COL CERVELLO MI
TRASPORTO DOVE
SONO NATO ERA UNA CASA AFFIANCO AL
COMUNE
UNO STANZONE BELLO GRANDE CHE
FACEVA DA CUCINA,
SOGGIORNO E STANZA DA LETTO, DA LÌ
SIAMO ANDATI
AD ABITARE DIETRO LA CHIESA.
DOVE SONO NATO FECERO LA BIBLIOTECA
COMUNALE,
RICORDO CHE C'ERA UNA TECA E DENTRO
C'ERANO
FUCILI PISTOLE, PUGNALI, SPADE E
MEDAGLIE SOPRA IL PAVIMENTO
CIRCONDATO DA UNA CATENA C'ERA UN
CANNONE, DIVERSI QUADRI CHE
RAPPRESENTAVANO
CAVOUR, MAZZINI E GARIBALDI,
TUTT'INTORNO C'ERANO GLI SCAFFALI
PIENI DI LIBRI.
USCENDO A DESTRA SI COSTEGGIAVA IL
COMUNE,
LA PORTA D'INGRESSO, IL CLUB DEI
SIGNORI E LA POSTA.
PASSANDO SOTTO L'OROLOGIO A DESTRA
C'ERA IL MACELLAIO, DI FRONTE IL
BARBIERE DOPO UN VICOLO DI FRONTE
UN ALTRO VICOLO, CAMMINANDO LA
STRADA SI DIVIDEVA, A DESTRA SI ANDAVA
AL MULINO DI GIOVANNI DONADIO E LE
CALANCHE DI MASTRO ROCCO IL

SAN GIORGESE, A SINISTRA UN LARGO A
UN ANGOLO
DELLE RAGAZZE SEDUTE A CIRCOLO CHE
IMPARAVANO
A RICAMARE ANDANDO Più AVANTI LA
STRADA S'INCROCIAVA
COL VICOLO DOVE CI SONO LE CALANCHE
CHE COSTEGGIANO PER 3 QUARTI IL
PAESE.
QUANTI BEI RICORDI, MA ADESSO VI DEVO
LASCIARE
LA PROSSIMA VOLTA VI RACCONTERò UN
ALTRO
PEZZO DI MONTALBANO.

MAGGHJA SUNNAT

STRADA VECCHJA. MAGGHJA SUNNAT
STRAD NOV,MAGGHJA RUIGHJAT, AGGHJA
PIGGHJAT CHEDDA VECCHJ. QUANT IERA
LOGN CHEDDA STRAD, E SE NG PENS,
CHEDDA NOV IERA CHIù LOGN.CI U SAPIJ
COM AVIA IESS CHEDDA NOV?FORS CHIù
MEGGHJ?, FORS CHIù MALAMENT? MA NA
COS é S' CUR CHEDDA CHIù VECCHJ ME
RMAST MPIETT . NG PENS E M' SONN é
CHIù DVENT MALINCONC, L' RCUORD SO
SEMP CHIù PRESENT. QUANN VEGGNJ
ABBASC, ARRIV PU PRIESC, QUANN M' N'
VAC U COR S' SPEZZ. CINCA NON HA
CANSCIUT L'AMAR NON SAP COM'é U
DOLC.

TRADUZIONE
HO SOGNATO
STRADA VECCHIA HO SOGNATO,
STRADA NUOVA MI SON SVEGLIATO,
HO PRESO QUELLA VECCHIA QUANTO
ERA LUNGA QUELLA STRADA E SE CI
PENSO, QUELLA NUOVA ERA Più LUNGA.
CHI LO SAPEVA COME DOVEVA ESSERE
QUELLA NUOVA? FORSE MEGLIO? FORSE
PEGGIORE? MA UNA COSA è SICURA,
QUELLA Più VECCHIA MI è RIMASTA
NEL PETTO, CI PENSO E ME LA SOGNO
è Più DIVENTO MALINCONICO, I RICORDI
SONO SEMPRE Più PRESENTI,QUANDO
VENGO Giù, ARRIVO CON GIOIA, QUANDO
ME NE VADO IL CUORE SI SPEZZA, CHI
NON HA CONOSCIUTO L'AMARO,
NON SA COMè IL DOLCE.

MO NG PENS

MO NG PENS! TEGN TANT COS DA DISC,MA
A STU MUMENT, NON M' VEN NIENT. MAGAR
SE NG PENS NU POC, QUALCOS M' VEN .
CE SACC M' POT VNì NU RCORD, O
QUALCOS CA ME RMAST MPRESS? NA SER
P' L'AMIC O NA SCIURNAT PASSAT BON? NU
FIOR O NA LACRM CA Ié CARUT? MO NG
PENS FORS: A LUNTANANZ DU PAIS MI? O
ALL FIGGHJ CA SO VCIN?POSS PNSà A
JUMMAR, U CUPULICCHJ,APPIETT U
CASTIEDD O L' CRVUN, L' VAVALISC, L'
MUNACIED CA CUGGHIJ DAINTR ALL
CALANC? QUALCOS M' ADDA VNì NCAP, MO
NG PENS.

TRADUZIONE
ORA CI PENSO
ORA CI PENSO! HO TANTE COSE DA DIRE,
MA IN QUESTO MOMENTO NON MI VIENE
NIENTE.
MAGARI SE CI PENSO UN PO, QUALCOSA
MI VIENE.
CHE SO MI Può VENIRE UN RICORDO, O
QUALCOSA
CHE MI è RIMASTO IMPRESSO? UNA SERA
CON
UN AMICO, O UNA GIORNATA PASSATA
BENE?
UN FIORE O UNA LACRIMA CHE è CADUTA?
ORA
CI PENSO, FORSE LA LONTANANZA DAL
MIO PAESE?
O AI FIGLI CHE HO VICINO? POSSO
PENSARE AL FIUME,

LA CUPOLINA, IL TORNANTE, IL CASTELLO
O L'ESCARGò, LE LUMACHINE, LE
MONACHELLE CHE RACCOGLIEVO
NELLE CALANCHE? QUALCOSA MI VERRà
IN TESTA,
ORA CI PENSO.

NA SER D' VIERN

A FAMIGGHJ L' SER D VIERN A MUNTALBAN,
STAVIERM ASSTAT VCIN U FUCULAR, L'
RCUORD M' IENGHJN A CAP, U VIENT S'
SNTIJ F'SC'Cà E TUTT QUANT IERM
ATTUORN A U FUCULAR. U FUOC IER BELL
IAUT, L' LEUNSCOPPIETTAVN, L' CICR, L'
FAF S' ARRUSTIERN E NGER TANTA
ALLEGRIJ. L' NONN CUNTAVN STORIJ
PASSAT E NU CITT CITT STAVIERM A SENT.
NGER MAMM CA M' DSCIJ : NON STAVEN
TROPP VCIN A U FUOC S' NO T' VENN
L'GLUN . QUANT IERN BELL CHIDD
MUMENT, TUTT INSIEM, NO IER U FUOC CA
NG NCAURCIJ, MA IER U CALOR DA
FAMIGGHJ.

TRADUZIONE
UNA SERA D'INVERNO
LA FAMIGLIA LE SERE D'INVERNO A
MONTALBANO,
STAVAMO SEDUTI VICINO AL FOCOLAIO,
I RICORDI MI RIEMPIONO LA TESTA, IL
VENTO
SI SENTIVA FISCHIARE E TUTTI QUANTI
ERAVAMO ATTORNO AL FOCOLARE, IL
FUOCO
BELLO ALTO, LA LEGNA SCOPPIETTAVANO,
I CECI, LE FAVE SI ARROSTIVANO E C'ERA
TANTA ALLEGRIA.
I NONNI RACCONTAVANO STORIE PASSATE
E NOI ZITTI ZITTI STAVAMO A SENTIRE.
C'ERA MIA MADRE CHE MI DICEVA NON
STARE TROPPO VICINO AL FUOCO SE NO
TI VENGONO I GELONI.

QUANTO ERANO BELLI QUEI MOMENTI,
TUTTI INSIEME, NON ERA IL FUOCO
CHE CI RISCALDAVA MA IL CALORE
DELLA FAMIGLIA!

AMMUC'M

O' CAPA MI, AMMUC'M L' RCUORD DA
VECCHIA TERRA MI. AMMUC'M L' PARENT E
L' AMIC CA NON NG SO CHIù, MANNA
PURTAT TANT LACRM. j CA VEC ANCOR A
LVIT, U RLOSC, A CHIAZZ D' MUNTALBAN CA
M DANN U PRIESC, MA JE PAN AMAR.
AMMUC'M CHEDDA VOGL D' SCAPPà, P'
TURNà ADDONCA SO NAT, A L' FALC, L'
NIGGHJ, L' CALACUN CA VOLN LIB'R IN
CIEL. AMMUC'M CHEDDA STRAD DU
TURNCHET CHJN D' CPRESS CA NON
VOGGHJ FA E CA NU IUORN, VOLENT O
NOLENT AGGHJA FA. AMMUC'M!
TRADUZIONE
NASCONDIMI
O TESTA MIA NASCONDIMI I RICORDI
DELLA TERRA MIA, NASCONDIMI I PARENTI
CHE NON CI SONO Più, MI HANNO
PORTATO
TANTE LACRIME.
IO CHE VEDO L'ULIVETO, L'OROLOGIO,
LA PIAZZA DI MONTALBANO CHE MI DANNO
GIOIA, MA è PANE AMARO.
NASCONDIMI QUELLA VOGLIA DI
SCAPPARE,
PER TORNARE DOVE SONO NATO AI
FALCHI,
I NIBBI I CORVI CHE VOLANO LIBERI NEL
CIELO.
NASCONDIMI QUELLA STRADA DEL
TORNANTE
PIENA DI CIPRESSI CHE NON VOGLIO FARE
E CHE UN GIORNO NOLENTE O VOLENTE
DOVRò FARE. NASCONDIMI!

LA MIA NASCITA

LE BIANCHE SCOSCESE CALANCHE,
CHE TENGONO ALTO MONTALBANO,
SORRIDENTE PAESE LUCANO.
SON NATO ALL'INIZIO DI UNA SERA
PRIMAVERILE,
IL PRIMO D'APRILE, QUASI FOSSE UNO
SCHERZO,
L'ODORE PUNGENTE DEL MARE,
MISTO A QUELLO DELLA MONTAGNA,
I PRIMI MIEI VAGITI SI INNALZAVANO AL
CIELO,
IN UN MONDO ANCORA PULITO.
IL VESPERO IN QUEL MOMENTO ERA
ATTORNIATO DI MILLE COLORI,
NELL'IMBRUNIRE DI QUELLA SERA,
LA GIOIA IN QUEL MOMENTO CIRCONDAVA
LA MIA CASA.
UN VIA E VAI DI VICINI,
AMICI, PARENTI A FESTEGGIARE LA MIA
NASCITA.
ERANO ANNI MAGICI PER MONTALBANO,
LA GENTE SI AIUTAVA L'UN L'ALTRO,
C'ERA UMANITà DI UN PAESE CREDENTE
VOTATA
ALLA BONTà, ALLA SOLIDARIETà,
A DIO.

IL MIO PAESE

SUPERBO, ALTEZZOSO,
SU QUELLA COLLINA
DOMINI LA VALLE D'AGRI,
STUPENDO GIARDINO DELLA LUCANIA.
LE MONTAGNE TI FANNO DA SCUDO,
UN TEMPO, CIRCONDATO DA MURA,
ERA FORTEZZA INESPUGNABILE.
FIN DAI TEMPI DEI ROMANI,
HAI VISTO GUERRE BRIGANTAGGIO,
MUTAMENTI DI OGNI GENERE,
AMORI, PASSIONI, INTRIGHI.
HAI AVUTO MOMENTI DI SPLENDORE,
INCERTEZZE, ILLUSIONI, DI VITA
FRENETICA,
INTENSA, CALOROSA.
ADESSO MI PIANGE IL CUORE,
VEDERLO LO SQUALLORE, IL DEGRADO
DI UN PAESE MILLENARIO,
DOVE I PARASSITI, LA CORRUZIONE,
LA FA PADRONE.
SVEGLIATEVI GIOVANI MONTALBANESI,
LOTTATE PER IL VOSTRO PAESE,
RIPORTATELO AGLI ANTICHI SPLENDORI,
AL BENESSERE, AD UNA VITA MIGLIORE.
SIATE FIERI DELLE VOSTRE RADICI,
FERMATE IL CEMENTO,
MANTENETE IL VERDE,
L'AGRICOLTURA,
I VECCHI SAPORI.

RICORDI NOSTALGICI

Vien p' me a terra vecchj, a vrè cudd ca non
ngè chiù. camin pu cuozz e uard l' calanc, u
paesagg ca ngè da nisciuna vann u pu truà.
petr sopa petr agghja calpstat, cuozz p ' cuozz
agghja g'rat, all vecchj funtan agghja vvut, mur
p' mur agghja sciucat u ragn p' l' turturedd
cazzat.tant' auciedd agghja nduppat p' l'
tagghiol cagghia mis.tanta suspir agghja lassat,
tant chiant agghja fatt, tant amor d' adolescent
agghja avut,tan rsat, tant gioj m'agghja
purtat.tutt st cos tegn intr u cor,nu scrign d'
rcuord e nostalgij
ca nisciun m' pot lvà.

TRADUZIONE
RICORDI NOSTALGICI
VIENI CON ME ALLA TERRA VECCHIA,
A VEDERE QUELLO CHE NON C'è Più
CAMMINA PER I VICOLI E GUARDA
LE CALANCHE, IL PAESAGGIO CHE C'è
DA NESSUNA PARTE LO PUOI TROVARE.
PIETRE SU PIETRE HO CALPESTATO,
VICOLI PER VICOLI HO GIRATO,
ALLE VECCHIE FONTANE HO BEVUTO,
MURO PER MURO HO GIOCATO AL RAGNO
CON I TAPPI SCHIACCIATI, TANTI UCCELLI
HO CATTURATO CON LE TAGLIOLE CHE
HO MESSO, TANTI SOSPIRI HO LASCIATO,
TANTI PIANTI HO FATTO, TANTI AMORI
DI ADOLESCENTE HO AVUTO, TANTE
RISATE, TANTE GIOIE MI SON PORTATO.
TUTTE QUESTE COSE TENGO NEL CUORE,
UNO SCRIGNO DI RICORDI E NOSTALGIA
CHE NESSUNO MI Può TOGLIERE.

LA MIA CITTÀ

Sono dentro in una città vuota,
che pian piano si spegne.
i volti delle persone sono corruciati,
un velo pietoso di tristezza traspare
dai loro visi ognuno cerca
di nascondere i loro crucci
non ci sono più gai sorrisi,
nè frastuoni di allegria,
soltanto desolazione di negozi
chiusi di aziende in rovina
del degrado di una città che diventa
sempre più vecchia.
i giovani vanno lontano, in cerca
di una dignità tolta in tenerà età,
lontano, da un sistema corrotto,
nauseabondo.
tutto tace, tutto si logora,
anche i nostri pensieri,
vortici nefandi di un degrado sociale.
si aspetta sperando che qualcosa cambi,
ma incombe su di noi noi la rassegnazione,
pur pensando, che un giorno la fierezza
di un popolo tradito, si sollevi contro
i politici corrotti e una società non
più trasparente ma insidiosa verso
tutti noi

UNA NOTTE INSONNE

Andare a letto volendo dormire, il buio
assoluto,cascate di pensieri inondano la
mente,in un fiume in piena di ricordi. rigirarsi in
quel letto che ti sembra vuoto, lembi di lenzuola
ti solleticano il corpo. girarsi, rigirarsi, schegge
di ricordi si sovrappongono tra loro,un intrepida
lotta tra la mente e cercare di dormire, diventa
inutile.il volto sudaticcio, il cuscino bagnato,la
flebile luce di una sigaretta di rilassamento, un
bicchiere di latte caldo, sperando di dormire.il
tempo passa inesorabile, finchè ti addormenti,
suona la sveglia è ora di alzarsi.

CHIAN CHIAN

S' muvij u cuntadin pu mul all 5 du matin p' sci a fatià, mentr a famighj durmij ancor. chian chian scnnij appiett, curv dop curv p' arrvà a l'isch. Arriv a cuddu mar d' verd punteggiat d'arancion fatt d portaial e mandarin.Mentr fatij, l' cical n' fann cumpagnij, mentr ijdd zapp tutt u iuorn. ten l man stanc ,psant chjn d' cadd, ogne tant s' ferm e s' fasc na veppt d'acqu da u vumml appis a nu ram. chian chian arriv a ser l'or d' turnà a cas, ienghj l' cest d' frutt, l' carc sop u mul e chian chian nghian appiett, s' ferm abbvratoj p' fa vev u mul, arriv a cas tra u priesc da famigghj, mang e s' va a curcà p' s' iauzà all 5 du matin. a vit du cuntadin è dur assaj, comè assaj a soddisfazion quann u raccolt è buon.

TRADUZIONE
PIANO PIANO
SI MUOVE IL CONTADINO COL MULO
ALLE 5 DEL MATTINO PER ANDARE
AL LAVORO, MENTRE LA FAMIGLIA
DORME ANCORA.
PIANO PIANO SCENDEVA PER I TORNANTI
CURVA DOPO CURVA PER ARRIVARE A
L'ISCHIA.
ARRIVA A QUEL MARE DI VERDE
PUNTEGGIATO
D'ARANCIONE FATTO DI ARANCE E
MANDARINI.
MENTRE LAVORAVA, LE CICALE GLI
FACEVANO
COMPAGNIA,MENTRE LUI ZAPPAVA TUTTO
IL GIORNO.
HA LE MANI STANCHE, PESANTI PIENI DI

CALLI,
OGNI TANTO SI FERMA E SI FA UNA BEVUTA
DAL RECIPIENTE APPESO A UN RAMO.
PIANO PIANO RISALE I TORNANTI, SI
FERMA ALL'ABBEVERATOIO PER FAR BERE
IL MULO,
ARRIVA A CASA TRA LA GIOIA DELLA
FAMIGLIA,
MANGIA E SI VA A CORICARE PER ALZARSI
ALLE 5 DEL MATTINO.
LA VITA DEL CONTADINO è ASSAI DURA,
COME è ASSAI LA SODDISFAZIONE DI UN
BUON RACCOLTO.

O MUSA

O Musa, estorci dagli antichi poemi,
le dolci parole racchiuse dal tempo,
avverti il tempo andato che son ritornato,
nel scrivere le odi che un tempo, mi eran care.
Gli agili pensieri affollano la mente,
come le onde del mare in burrasca,
come uno sciame di api,
uno stormo di uccelli migratori,
semplici parole dettate dal cuore.
Aiutami o musa a esprimere,
i casolari immersi nel verde,
i fiumi traboccanti di pesce,
i vicoli di paesi odoranti,
mescolati di cibo cucinato.
Il fruscio del vento autunnale,
che sparge le foglie cadenti,
colorando le vie di mille colori.
I singhiozzi di un bimbo capriccioso,
il pianto di una madre,
la coscienza traballante
di un uomo,
che non sa scegliere il suo destino.
O musa, raccontami della brezza
che si erge all'imbrunir di una giornata scaduta,
il tintinnio di campanellini, appesi a colli di
agnelli
al pascolo di verdi campi.
Il suono di una fanfara che inonda la quiete
della sera.
O musa, dammi l'ispirazione,
di scrivere ciò che più ci è stato dato.

U CRISTIAN

Magghja fermat a pensà
quant è important a vite d'nu cristian,
a fatij, amor, a famigghj,
a dignità d'iess nommn.
Vvim p'na coscienz ca n'disc
cudd ca iè buon o malament,
vulim ben a natur, u prossm e nu stess.
Vulim iess lib.r e nisciun n'pot mett sott l'pier.
A cè serv ca iun s'accir?
Sul a dà dlor, angosc e trstezz all parient.
So cinca n'govern ca com n'attan,
avissa pnsà a dà l'esempij,
a fà l'legg p'fà sta buon u'cristian.
M'ferm e pens, sò lor l'malacarn,
avita lvat, a fatij, stavit uastann
l'famigghj, l'uagliun non ng so chiù,
avit lvat a tranquillità al viecchj,
e a chiù d'qualcun a vogl d'campà.

TRADUZIONE
IL CRISTIANO
MI SONO FERMATO A PENSARE
QUANTO è IMPORTANTE LA VITA
DI UN CRISTIANO.
IL LAVORO,L'AMORE,LA FAMIGLIA,
LA DIGNITà DI ESSERE UOMO.
VIVIAMO CON LA COSCIENZA
CHE CI DICE QUELLO CHE è BUONO
O CATTIVO,VOGLIAMO BENE ALLA NATURA,
AL PROSSIMO E NOI STESSI.
VOGLIAMO ESSERE LIBERI
E NESSUNO CI Può METTERE
I PIEDI SOPRA.
A COSA SERVE AMMAZZARSI?

SOLO A DARE DOLORE,ANGOSCIA
E TRISTEZZA AI PARENTI.
SONO QUELLI CHE CI GOVERNANO
CHE COME UN PADRE DOVREBBE
DARE L'ESEMPIO, A FARE LE LEGGI
PER FARE STARE BENE I CRISTIANI.
MI FERMO E PENSO, SONO LORO
LA MALA CARNE, AVETE TOLTO
IL LAVORO,STATE GUASTANDO
LE FAMIGLIE,I RAGAZZI NON CI
SONO Più, AVETE TOLTO LA TRANQUILLITà
AI VECCHI E A Più DI QUALCUNO
LA VOGLIA DI CAMPARE.

SER D'ESTAT A MUNTALBAN

Cangn l'stagion iun dajret all'aut,
ma quann arriv l'estat I famigghj s'riuniscn.
U tiemp ie semp bell,
a spiagg s'ienghj,
a mus..c s'sent da l'aria,
ngè n'impt d'allegrij.
L'fest s'succedn iun d'airet
all'aut, a chiazz s'ienghj d'ser,
fann nanz è jret,
tant s'fermn all bancarell
e tant asstat s'sentn
a cassarmonc p'l'varj cantant caven..n.
Grupp d'amic chiacchiarescn,
rirn, scherzn, asstat sop
u murid o sop a nu scalon.
L'vicchjaredd, asstat vicin
a port d'cas, uardn passà
l' cristian augurann a
buonaser a tutt quant.
C'è bell ca sò l'ser d'estat
a muntalban.

TRADUZIONE
SERA D'ESTATE A MONTALBANO
CAMBIANO LE STAGIONI UNA DIETRO
L'ALTRA,
MA QUANDO ARRIVA L'ESTATE LE FAMIGLIE
SI RIUNISCONO.
IL TEMPO è SEMPRE BELLO,
LE SPIAGGE SI RIEMPIONO,
LA MUSICA SI SENTE NELL'ARIA,
C'è IMPETO DI ALLEGRIA.
LE FESTE SI SUCCEDONO
UNA DIETRO L'ALTRA,

LA PIAZZA SI RIEMPIE DI SERA
E VANNO AVANTI E INDIETRO.
TANTI SI FERMANO ALLE BANCARELLE
E TANTI SI SEDUTI SENTONO
LA CASSA ARMONICA CON I VARI
CANTANTI CHE VENGONO.
GRUPPI DI AMICI CHIACCHIERANO,
RIDONO, SCHERZANO SEDUTI SU
UNO SCALONE O SUL MURETTO.
I VECCHIETTI SEDUTI VICINO
ALLA PORTA DI CASA, GUARDANO
PASSARE I CRISTIANI AUGURANDO
LA BUONASERA A TUTTI QUANTI.
CHE BELLE CHE SONO LE SERE
D'ESTATE A MONTALBANO.

U' NONN MI

ier iaut e magr u nonn mi,
purtav na copp.l, l' bretell ca n' tniern l'
pantalun,
l' capidd bianch e u mustazz.
tutt l' matin s' iauzav all cinch,
p' sci a fatià.
fascij u spazzin a muntalban,
girav p' nu bdon sop a doij rot,
usava na scop fatt d' frasc fatt da jdd.
tnij pulit u cuozz, l'strettul e l' strad
da terra vecchj.
tutt quant u rspttavn e u vulivn ben,
ier nu brav crstian.
non s' t.rav mai dajret a fa favor all pajsan,
n' piascivn l' film western,d' roman e d' macist.
a ser a u cinm eraclea,
quannfascivn st film,
ij scij e addummannav a masc.chr,
ca s' chiamav Cianc,
ngè u nonn mi? m fascij trasì,
scij du nonn, e m discij :.assit.t, po ng pens ij :
se fascist qualch mal azion,a nu nput, n' fascij
assaggià a curresc,
ca tnij appnnut a nu chiuov.
p me ier u nonn chiù brav du munn,

s' chiamav luigi zaccarij

TRADUZIONE
MIO NONNO
ERA ALTO E MAGRO MIO NONNO,
PORTAVA UN BERRETTO, LE BRETELLE
CHE GLI TENEVANO I PANTALONI,
I CAPELLI BIANCHI E IL MUSTAZZO.

TUTTE LE MATTINE SI ALZAVA ALLE
5 PER ANDARE A LAVORARE,
FACEVA LO SPAZZINO A MONTALBANO,
GIRAVA CON UN BIDONE SOPRA
DUE RUOTE, USAVA UNA SCOPA
FATTA DI FRASCHE FATTA DA LUI,
TENEVA PULITO LE STRETTOLE,
LE STRADE E I VICOLI DELLA
TERRA VECCHIA, TUTTI QUANTI
LO RISPETTAVANO E GLI VOLEVANO
BENE, ERA UN BRAV'UOMO.
NON SI TIRAVA MAI INDIETRO
A FARE DEI FAVORI AI PAESANI,
GLI PIACEVANO I FILM WESTERN,
DI ROMANI E DI MACISTE.
LA SERA AL CINEMA ERACLEA,
LA SERA QUANDO FACEVANO
QUESTI FILM,IO ANDAVO E CHIEDEVO
ALLA MASCHERA CHE SI CHIAMAVA
CIANCI,
C'è MIO NONNO? MI FACEVA ENTRARE,
ANDAVO DAL NONNO E MI DICEVA
SIEDITI POI CI PENSO IO.
SE FACEVI QUALCHE CATTIVA
AZIONE, A NOI NIPOTI CI FACEVA
ASSAGGIARE LA CINTURA CHE
TENEVA APPESA A UN CHIODO,
PER ME ERA IL NONNO Più BRAVO
DEL MONDO, SI CHIAMAVA
ZACCARIA LUIGI.

PRIMO NOVEMBRE

Arriv u iuorn d' ognissanti e a nott d' l' muort,
ngè na tradizion a muntalban,
l' puvriedd, gir.n pu pais, cas p cas,
dscenn :zi l'an.m a l' muort :
L' paisan n' dann qualcos,
a second d' cud ca ten.n.
daviern, frutt, iuogghj, e qualcun davij I sold,
o diec lir o cinquant o cient lir.
U cmter s'jnghij d' crstian,
ca sciern a truà l' lor car.
Ier chjn d' fior e lumin s.mbraj nu giardin,
tutt quant nanz all tomb priavn,
qualche singhiuzz s' s.ntij,
da ci tnij u cor spzzat, p' na mort
arrvat tropp prest.
P' alcun uagliun s.mbrav na fest,
sciucavn tra na tomb e l'aut,
pigghjiavn a cera modd e fascivn l'pallin,
p' sciucà a calcett.
so rcuord ca ven.n ment
d' paisan, amic o parient,
p' ci te vulut ben e p' ci ha vulut ben.
Ogne tant s' uard ngiel,
com se chidd lumin appc.cat,
fossr stell d' chidd camma pers.

TRADUZIONE
PRIMO NOVEMBRE
ARRIVA IL GIORNO DI OGNISSANTI
E LA NOTTE DEI MORTI,
C'è UNA TRADIZIONE A MONTALBANO,
I POVERETTI GIRANO IN PAESE,
CASA PER CASA, DICENDO
: ZIO L'ANIMA AI MORTI :

I PAESANI DANNO QUALCOSA
A SECONDO DI QUELLO CHE HANNO.
DAVANO FRUTTA, OLIO E QUALCUNO,
DAVA SOLDI, O DIECI LIRE, O CINQUANTA
LIRE O CENTO LIRE.
IL CIMITERO SI RIEMPIVA DI PERSONE
CHE ANDAVANO A TROVARE I LORO CARI.
ERA PIENO DI FIORI E LUMINI
SEMBRAVA UN GIARDINO, TUTTI QUANTI
DAVANTI ALLE TOMBE CHE PREGAVANO,
QUALCHE SINGHIOZZO SI SENTIVA
DI CHI AVEVA IL CUORE SPEZZATO
PER UNA MORTE ARRIVATA TROPPO
IN FRETTA.
PER ALCUNI RAGAZZI, SEMBRAVA
UNA FESTA GIOCAVANO TRA UNA TOMBA
E L'ALTRA, PRENDEVANO LA CERA MORBIDA
E FACEVANO DELLE PALLINE PER
GIOCARE A CALCETTO.
SONO RICORDI CHE VENGONO IN MENTE
DI PAESANI, AMICI O PARENTI,
DI CHI TI HA VOLUTO BENE
E DI CHI HAI VOLUTO BENE.
OGNI TANTO GUARDO IN CIELO,
COME SE QUEI LUMINI ACCESI
FOSSERO STELLE DI QUELLI CHE
ABBIAMO PERSO.

L'UMILIAZIONE DEGLI ITALIANI

Occhi miei,
non dovete piangere
per le crudeltà di ciò che vedete,
persone umiliate, senza dignità.
Vedo, un lugubre corteo,
di facce segnate dal bisogno di sopravvivere,
presso le caritas, umiliate da un governo
infame,
che ha tradito i suoi concittadini.
Non c'è speranza, ne futuro,
c'è solo rabbia, disperazione, dolore.
Non si ha più diritto alla casa,
alla salute, alla cultura, allo studio,
al lavoro, all'acqua: bene primario.
All'aria inquinata anch'essa.
Un popolo tra i migliori al mondo,
messo alla frusta, di politicanti corrotti,
basterà solo una scintilla,
e tutti, solleveranno il capo
dando sfogo alla rabbia repressa.
E i potenti tremeranno allo tsunami,
che li travolgerà.
Ridete adesso, ma le persone,
la natura che avete offeso,
si rivolterà contro.

AMIC ME

jer u 15 dcembr 1967.
amic me, u sapit ca iè l'utma
ser ca stac p' vu?
quannè cra m' nagghja scì,
nge nata strad c'agghja pigghjà.
na strada logna logn ca m' port
assaj luntan.vu staser fascit fest,
ballat,rrit e non v' n'accurgit
ca stu cor sta chiangenn,
chiang pcchè non sap se torn chiù.
E tu Lucì non m' crier ca m' n' stac scenn.
Non v' preoccupat v' port p' me,
e port l' calanc, l'isch, a jummar, u buvratoj,
l' strad vecchj d' muntalban,
addo so nat e me vist cresc.
port p' me a chiazz, pu rlosc,
l' strttul, u cuozz, a chies
addonca so stat battzzat, u cumment,
a lvit, e l' scol addo so giut.
port p me l'crstian paisan,
a fest d' san Maurizij e sant Rocc.
u cant d' l' cical d' iuorn e l' jridd d' nott,
ma cos chiù important,
sit vu intra cuddu spazj d' cor
ca non v' scord chiù amic me.

TRADUZIONE
AMICI MIEI
ERA IL 15 DICEMBRE DEL 1967
AMICI MIEI LO SAPETE CHE è
L'ULTIMA SERA CHE STO CON VOI?
DOMANI ME NE DEVO ANDARE,
C'è UN'ALTRA STRADA CHE DEVO
PRENDERE, UNA STRADA LUNGA

LUNGA CHE MI PORTA ASSAI LONTANO.
VOI STASERA FATE FESTA, BALLATE,
RIDETE E NON VI ACCORGETE CHE
QUESTO CUORE STA PIANGENDO
E TU LUCIA NON MI CREDI CHE ME
NE STO ANDANDO!
NON VI PREOCCUPATE, VI PORTO
CON ME E PORTO LE CALANCHE,
L'ISCHIA, IL FIUME E L'ABBEVERATOIO.
LE STRADE VECCHIE DI MONTALBANO,
DOVE SONO NATO E MI HA VISTO
CRESCERE.
PORTO CON ME LA PIAZZA, CON
L'OROLOGIO, LE STRETTOLE, I VICOLI
LA CHIESA DOVE SONO STATO BATTEZZATO,
IL CONVENTO, L'ULIVETO, LA SCUOLA
DOVE SONO ANDATO.
PORTO CON ME LA GENTE PAESANA,
LA FESTA DI SAN MAURIZIO E SAN ROCCO,
IL CANTO DELLE CICALE DI GIORNO
E DEI GRILLI DI NOTTE.
MA LA COSA Più IMPORTANTE,
SIETE VOI DENTRO QUELLO SPAZIO
DI CUORE CHE NON VI SCORDERà
Più AMICI MIEI!

U CMTER

L'cim d' l' cipress s' iauzn
sop u cmter,addo rpos.n
l'anm d' l' parient e pajsan.
L'fiammel d' l' lumin
balln tra lor,
dajntr a nu giardin addurmsciut,
chjn d' fior da l' culur gagliard,
ca intr a poc tiemp appassrann,
com l' cuorp afftsciut ammucciat sott a terr.
tomb antich p' fotografij sbiadit,
crijatur appena nat ca non hanna maj vssut,
nu tiemp ferm,
addo s' ruegghj na vota l'ann
ca s ienghj d' crstian p' s' rcurdà
d' ci p' n'ann iè stat scurdat,
u duj novembr juorn d' l' muort.
TRADUZIONE
IL CIMITERO
LE CIME DEI CIPRESSI SI INNALZANO
SUL CIMITERO, DOVE RIPOSANO
LE ANIME DEI PARENTI E PAESANI.
LE FIAMMELLE DEI LUMINI BALLANO
TRA LORO, DENTRO UN GIARDINO
ADDORMENTATO, PIENO DI FIORI
DAI COLORI GAGLIARDI CHE IN POCO
TEMPO APPASSIRANNO, COME I CORPI
PUZZOLENTI NASCOSTI SOTTO TERRA.
TOMBE ANTICHE CON FOTOGRAFIE
SBIADITE, BAMBINI APPENA NATI
CHE NON HANNO MAI VISSUTO,
IL TEMPO FERMO DOVE SI SVEGLIA
UNA VOLTA ALL'ANNO CHE SI
RIEMPIE DI GENTE PER RICORDARSI
DI CHI PER UN ANNO è STATO

DIMENTICATO.
IL 2 NOVEMBRE GIORNO DEI MORTI

43

SEI TU

Le canzoni sono versi di poesia dedicati a te,
sono parole che si affollano nella mente
pensando a te,
il desiderio di una notte accanto a te,
la paura al mattino di non trovarti accanto a me.
La mia vita non ha senso se non ci sei tu,
non riesco a mangiare se non sei con me,
sei tu che mi tieni in vita con il tuo sorriso,
sei tu che mi dai calore con il tuo amore.
Restare a guardare il tuo viso,
mentre stai dormendo,
essere felice mentre stai ridendo,
stare accanto a te nei momenti tristi della vita,
aggrapparmi a te mentre sto cadendo
con le lacrime sul viso,
farei di tutto per te pur di non perderti.
E l'amore che mi dai per sorreggermi,
amore mio, non lasciare che io invecchi senza
te,
sei tu la mia poesia
che mi tiene compagnia,
sei tu l'anima mia che mi fa
sentire uomo insieme a te.

LA VITA

Le onde del mare si infrangono sulla scogliera,
come cuori infranti di sogni proibiti.
Un gabbiano si tuffa nel mare
per catturare la sua preda,
un leone si ciba nell'Avana
di una carcassa catturata dalla sua compagnia.
Il volo libero di una maestosa aquila,
il vento fermato dalla montagna.
Il canto di un usignolo
che accarezza l'udito,
il verso di una civetta
nel buio della notte.
Un seme che germoglia,
un fiore che si schiude,
il vagito di bimbo appena nato,
il pianto di una donna
per un parente che se ne è andato.
Questa è la realtà della vita
per chi come me l'ha capita.

U TEMPURAL

Na pall d' fuoc affonn mienz u mar,
nuv.l ner in cim a na muntagn,
nu lamp serpegg ngiel,
nu boat romp u slenzij da ser,
nu vient fort arriv da l' calanc
e cumenz a chiov.
A gent mienz a chiazz scapp
circann nu ripar,
a chiazz s' ruac e non gè chiù nisciun.
Sul qualcun ca abt chiù luntan rman,
sott a nu balcon ca n' fasc da rpar
aspttan ca scamp.
Chiov fort l' lamp, l' tuon,
so iun dajret all'aut.
S'sent nu uaglion ca recit na vecchia
nenia muntalbanes :chiov chiov chiov,
a vecchj fasc l'ov,
l' fasc a quatta quatt,
madonna mi fa scampà.
Intant s' form nu ruscell ca
da chiazz scenn fin a u bvratoj.
Dop menz'or tutt f.rnesc,
torn u silenzj, ormaj mienz a chiazz non
gè chiù nsciun.

Traduzione
IL TEMPORALE
UNA PALLA DI FUOCO AFFONDA
IN MEZZO AL MARE, NUVOLE NERE
IN CIMA A UNA MONTAGNA, UN LAMPO
SERPEGGIA IN CIELO, UN BOATO
ROMPE IL SILENZIO DELLA SERA,
UN VENTO FORTE ARRIVA DALLE
CALANCHE E INCOMINCIA A PIOVERE.

LA GENTE IN PIAZZA SCAPPA CERCANDO
UN RIPARO, LA PIAZZA SI SVUOTA,
NON C'è Più NESSUNO, SOLTANTO
QUALCUNO CHE ABITA DISTANTE
RESTA SOTTO UN BALCONE CHE
GLI FA DA RIPARO ASPETTANDO
CHE SMETTA.
PIOVE FORTE, LAMPI, TUONI SONO
UNO DIETRO ALL'ALTRO.
SI SENTE UN RAGAZZO CHE RECITA
UNA VECCHIA NENIA MONTALBANESE
: PIOVE, PIOVE, PIOVE, LA VECCHIA
FA LE UOVA LE FA A QUATTRO A QUATTRO
MADONNA MIA FAI SMETTERE :
INTANTO SI FORMA UN RUSCELLO
CHE DALLA PIAZZA SCENDE FINO
ALL'ABBEVERATOIO.
DOPO MEZZ'ORA TUTTO FINISCE,
TORNA IL SILENZIO, ORMAI IN MEZZO
ALLA PIAZZA NON C'è Più NESSUNO.

RCUORD LUNTAN

M'rcord u tiemp passat,
com n'ombr ca ngè du c.rviedd,
u tiemp ca so stat a muntalban,
addò so nat è crsciut,
fin a quann m nagghia sciut.
M rcord mienz a lvit
addò ghianaj sop all'alb.r d'auliv
p' tagghià na furcin p fa na fiond.
Qualche uaij agghia cumbnat
scascian qualche fnestr.
Cammnaj p l' strettul da terra vecchj
quann ier criatur, ogne petr m rcord,
ogne strettul t' purtav a chiazz
passan sott u rlosc antic.
Cammnan pa chiazz s'arrvaj a u banc d napul,
ngern duj albr,tant pass.r
vulavn attuor o mienz all ram,
fsc.cavn allegrament e cung.rtavn a fin da
sciurnat.
Ogne cos m' ven ment,
l' sciuoc,l' rsat , l' putej, u fabbr,
o cumma marij a caurarar,
u scarpar,u falgnam, u zucar
o l' man sapient ca ntrcciavn l' sport o l panar.
Rcuord e rmpiant d' na vit germugliat e crsciut,
d'mstier antic ca non s' fann chiù,
na vita semplic d' na favul mai scurdat.

TRADUZIONE
RICORDI LONTANI
RICORDO IL TEMPO PASSATO,
COME UN OMBRA CHE C'è NEL
CERVELLO,IL TEMPO CHE SONO
STATO A MONTALBANO,DOVE SONO

NATO è CRESCIUTO,FINO A QUANDO
ME NE SONO ANDATO.
RICORDO IN MEZZO ALL'ULIVETO
DOVE SALIVO SUGLI ALBERI D'ULIVO
PER TAGLIARE UNA FORCINA
PER FARE UNA FIONDA.
QUALCHE GUAIO L'HO COMBINATO
ROMPENDO QUALCHE FINESTRA.
CAMMINAVO PER I VICOLI DELLA
TERRA VECCHIA QUANDO ERO
RAGAZZINO,OGNI PIETRA RICORDO,
OGNI VICOLO TI PORTAVA IN PIAZZA
PASSANDO SOTTO L'OROLOGIO ANTICO.
CAMMINANDO PER LA PIAZZA,
SI ARRIVAVA AL BANCO DI NAPOLI,
C'ERANO DUE ALBERI,TANTI
PASSERI VOLAVANO INTORNO
O IN MEZZO AI RAMI,FISCHIAVANO
ALLEGRAMENTE E CONCERTAVANO
A FINE GIORNATA.
OGNI COSA MI VIENE IN MENTE,
I GIOCHI, LE RISATE,LE BOTTEGHE,
IL FABBRO O COMARE MARIA
LA STAGNINA,IL CALZOLAIO
IL FALEGNAME,IL CORDAIO
O LE MANI SAPIENTE CHE
INTRECCIAVANO LE CESTE
O I PANARI.
RICORDO E RIMPIANGO DI
UNA VITA GERMOGLIATA E
CRESCIUTA,DI MESTIERI ANTICHI
CHE NON SI FANNO Più,
UNA VITA SEMPLICE DI UNA
FAVOLA MAI DIMENTICATA.

A MPURTANZ DA VIT

Ce iè chiù important dajntr a vit,
se non l' rcuord da donca si nat?
U prim chiantil jrrat a vit?
A prima carezz d' ci te fatt nasc
o l' prim pass traballant?
Ce iè ca t' fasc sp.rà se non u
germogl d' nu mninn sem
uardarl cresc ca dvent n'albr
iaut p'l'fronn ca fann iombr e
l'cim rvolt vers u ciel?
O l'allegr casciar d' nu storm
d'aucied? O u svulazza d' l' ap
e farfall variopint?
Ce ngè d' chiù mportant da jranezz
du mar? O du calor du sol?
O du splendor da lun ca fasc
lusc a nott?
Ce iè chiù mportant da vit
se no a vita stess?
Iè ha vit, chedd ca viv
ogne iuorn, pa sapienz
e a convinzion ca cudd
ca dij ne dat,nisciun
na pot luà.

L' IMPORTANZA DELLA VITA

Cos'è più importante nella vita
se non il ricordo del luogo
dove sei nato?
Il primo vagito strillato alla vita?
La prima carezza di chi ti ha
concepito o i primi passi traballanti?
Cos'è che ti fa sperare se non
il germoglio di un piccolo seme,
guardarlo crescere che diventa
un albero alto,con le foglie
che fanno ombra e le cime
rivolte al cielo?
O l'allegro cinguettio di
uno stormo d'uccelli?
O lo svolazzare delle api, farfalle
con variopinti colori?
Che c'è di più importante
della grandezza del mare?
O del calore del sole?
O dello splendore della
luna che fa luce di notte?
Cos'è più importante della
vita se non la vita stessa?
É la vita, quella che si vive
ogni giorno con la sapienza,
la convinzione che quello
che Dio ci ha dato,
nessuno ce la può togliere!

PENSIERO D'AMORE

Addormentarsi con la fissazione
del tuo volto,
con impresso il tuo sorriso,
con lo specchio dei tuoi occhi,
con la tua grinta di donna vissuta,
creatura meravigliosa.
svegliarsi con te accanto,
tu che sei come un fiore,
appena sbocciata pronta all'amore.
veglio il tuo sonno sereno,
sono istanti afrodisiaci
che colmano il cuore di
chi ti ama con passione.
Eppur non voglio destarti,
l'importante è starti vicino a vegliarti.
Ti amo dolce essere delizioso,
vorrei dirti tante cose,
in questo momento non ho parole,
se non contemplare te che sei la mia passione.

LA PENNA

L'audace penna, complice delle
mie emozioni, scorre veloce sul foglio.
Mette in risalto i miei pensieri,
i miei sentimenti, esprime le mie gioie,
i miei dolori, i miei desideri.
Scrive la bellezza della natura,
gli amori appena nati, quelli già finiti.
Scrive degli albori del giorno,
del crepuscolo che ne segna
il declino dando spazio al buio della notte,
ricorrenza dal tempo dei tempi.
Scorre veloce la mia penna,
da luce al buio della notte,
con lo splendore della luna,
così pallida e così misteriosa.
Scrive dei miei amori,
nostalgico sentimento prezioso.
Scrive della donna, del ruolo importante
angelo dei focolai famigliari.
Ripongo la mia penna nella tasca interna,
vicina al mio cuore,
così preziosa e sempre pronta
per incidere i miei sogni,
i miei umori, le mie contemplazioni.

A GIADA

Ti amo come l'aria che respiro, ti amo come il sole che mi abbaglia, ti amo come la luna che splende in cielo di notte dando luce ai viandanti. Ti amo come il mare così grande e immenso che si infrange sulle scogliere. ti amo come la vita che mi ha dato una così dolce, bella,splendida creatura. Ti amo come la morte che ci prende all'improvviso perchè, oltre la vita, comincerò ad amarti di più figlia mia.

PARTENZA D'ESTAT

S' pass l'ann aspttann ll'estat,
quann arriv t' ven a frenesij d' part,
p' turnà u pais addò so nat.
Prpar a machn è part.
Viagg tutt a nott,
m' ferm sul p' fa u chjn
pcchè non vec l'or d'arrvà.
Pass l' vall, l' tunnell,
nghian e scenn da l' muntagn,
m' vec tutt a costier adriatc e po
a Baar tagghj p' Tarant.
Accumenz a sent l'arij du pais
ca s'avvcin, a stanchezz non
ha sent pu priesc ca stac
arrvan e u vec quas com agghja lassat.
M' uard attuorn e m'accorg
ca jè cambiat non g' so chiù
l' lvit ca fasciern da contorn,
sul cas su cas,tuf e mattun,
m' chiang u cor.
Vac a fa nu gir a terra vecchj,
so rmast vecchj cas abbandunat,
stann appen appen allmpier,
u cor chiang e t'addumman pcchè.
Invec d' lvà l lvit, pcchè non hanna
mis a nuov l' vecchj cas ?
Scroll l' spadd pa malincunij
ca m' pigghj, vulia truà u pais
com u jera lassat, ma l' tiemp
cambjn e l' crstian ruin'n tutt cos,
m' rman sul u rcord d' com ier.
TRADUZIONE
PARTENZA D'ESTATE
SI PASSA L'ANNO ASPETTANDO L'ESTATE,

QUANDO ARRIVA TI VIENE LA FRENESIA
DI PARTIRE PER TORNARE AL PAESE
NATIVO,
PREPARO LA MACCHINA E PARTO.
VIAGGIO TUTTA LA NOTTE,MI FERMO
SOLO PER FARE IL PIENO PERCHè
NON VEDO L'ORA DI ARRIVARE.
PASSO LE VALLI, I TUNNEL, SALGO
E SCENDO DALLE MONTAGNE,
MI VEDO TUTTA LA COSTIERA
ADRIATICA E POI A BARI TAGLIO
PER TARANTO.
INCOMINCIO A SENTIRE L'ARIA
DEL PAESE CHE S'AVVICINA,
LA STANCHEZZA NON LA SENTO
PER LA GIOIA CHE STO ARRIVANDO
E LO VEDO QUASI COME L'HO LASCIATO.
MI GUARDO INTORNO E MI ACCORGO
CHE è CAMBIATO, NON C'è Più L'ULIVETO
CHE FACEVA DA CONTORNO, SOLO
CASE SU CASE,TUFI E MATTONI
MI PIANGE IL CUORE.
VADO A FARE UN GIRO PER LA
TERRA VECCHIA,SONO RIMASTE
VECCHIE CASE ABBANDONATE,
CHE STANNO APPENA IN PIEDI,
IL CUORE PIANGE E MI CHIEDO PERCHè.
INVECE DI TOGLIERE L'ULIVETO,
PERCHè NON HANNO MESSO A NUOVO
LE VECCHIE CASE?
SCROLLO LE SPALLE PER LA MALINCONIA
CHE MI PRENDE,VOLEVO TROVARE
IL PAESE COME L'AVEVO LASCIATO,
MA I TEMPI CAMBIANO E LE PERSONE
ROVINANO OGNI COSA,MI RIMANE
SOLO IL RICORDO DI COM'ERA.

L'ALBERO

L'albero col suo grosso fusto
si ergeva alto e maestoso nel cielo.
La sua folta chioma, fatta di foglie
sempre verdi,
offriva ai viandanti accalorati,
l'ombra,un rifugio di frescura.
Ondeggiava quando
il forte vento soffiava,
si muovevano le foglie
quando la brezza le accarezzava.
Tra i suoi rami offriva
un sicuro rifugio ai piccoli animali
che l'abitavano.
Nidi di uccelli tra un ramo e l'altro,
punto d'appoggio per chi di
passaggio volava.
Ogni anno offriva i suoi
buoni frutti per chi aveva
fame, chi si voleva dissetare.
Finchè un giorno si sentì
colpire, l'albero umiliato
dai forti tagli dell'ingrato
essere umano.
I piccoli animali, gli uccelli,
dovettero scappare,
lì non rimase più niente
del maestoso albero
eliminato dall'egoismo umano!

traduzione
NATALE A MONTALBANO

si accendono le luci in un paese
della Lucania, creando uno sfondo
mistico, di magia, di un tempo assai antico.
Lo sfavillio delle luci l'avvolgono
in un alone di fantastica illusione,
il profumo di frittelle, dolci,
infestano l'aria, creando gioia,
serenità, amore nei cuori.
Le famiglie si raccolgono
tra loro, creando pace nei
cuori paesani, un magico alone
che si vede da lontano, circondano
le antiche mura di Montalbano.
I zampognari, girano per le strade
del paese suonando le litanie del Natale.
Li seguono incuriositi è gioiosi,
i festosi bambini, ammaliati
dalle note dei zampognari.
Si incontrano i paesani, si stringono la mano,
si augurano il buon Natale.
Si susseguono bigliettini augurali,
doni sotto l'albero, vengono accantonati
dissapori, malinconie, malumori,
dando spazio alla fiamma dell'amore.
Magica illusione, calore e
affetto, per un Natale perfetto.

NATAL A MUNTALBAN
sapicc.chn l' lusc a nu pais
da Lucanij, crejn nu sfond mistc,
d' mascij, d' nu tiemp assaj antic.
U' sfavllij d' l' lusc u' c.rconn d'iun
alon d' fantastca illusion,

u' profum d' frittell, dolc,
nfestn l'arij, crejn gioj,
srenità, amor jntr a' l' cor.
L' famigghj s' mettn insiem tra lor,
crejn pasc dajntr l' cor pajsan,
nu magc alon ca s' ver da luntan,
c.rcondn l'antic mur d' Muntalban.
L' zampugnar, girn l' strad du pais
e son.n l' litanij d' Natal.
L' criatur vann dajret incuriosit
è cuntent, ammaliat da l' not
d' l' zampugnar.
S'ncontrn l' pajsan, s' streng.n
a man, s'augrn u buon Natal.
Arrivn l' bigliettin d'augurij,
l' rial sott a l'alb.r, s'mettn
da part l'dissapor, l'malincunij,
l' malumor e dann spazij a
fiamm d' l'amor.
Mag.c illusion p' nu Natal perfett.

CAP D'ANN

é frnut l'ann vecchj p'fa spazij
a l'ann nuov.
S'ncontr a gent e s' aug.r buon ann,
qualcun addummann come è sciut
l'ann passat?
P' tutt quant iè sciut mal a gent
non gia fasc chiù, com a tutt
l'ann sp.ram a u prossm.
L' famigghj s'accoghjn tra lor
asptann a menzanott, s' sentn
già l' bott,qualcun non ver l'or
e già cumenz Ha sparà,
l' buttigghj du spumant so già
u frisch pront p' iess stappat.
Arriv u mument, ngè u cunt a ruesc,
scatt a menzanott e sparn l' bott,
u ciel s'allumnessc p' l' fuoch artifcial,
qualcun scett a roba vecchj dall fnestr,
iè trasut l'ann nuov e l'augurij a tutt quant
s' rnnov.

TRADUZIONE
CAPO D'ANNO
è FINITO L'ANNO VECCHIO PER DARE
SPAZIO A L'ANNO NUOVO.
S'INCONTRA LA GENTE E SI AUGURA
BUON ANNO,QUALCUNO CHIEDE
COME è ANDATO L'ANNO PASSATO?
PER TUTTI è ANDATO MALE, LA GENTE
NON CE LA FA Più, COME TUTTI GLI ANNI,
SPERIAMO AL PROSSIMO.
LE FAMIGLIE SI RACCOLGONO TRA
LORO ASPETTANDO LA MEZZANOTTE,
SI SENTONO Già I BOTTI,QUALCUNO

NON VEDE L'ORA E Già COMINCIA
A SPARARE,LE BOTTIGLIE DI
SPUMANTE SONO Già AL FRESCO
PRONTE PER ESSERE STAPPATE.
ARRIVA IL MOMENTO, C'è IL CONTO
AL ROVESCIO,IL CIELO S'ILLUMINA
DI FUOCHI ARTIFICIALI,QUALCUNO
BUTTA LA ROBA VECCHIA DALLA
FINESTRA, è ENTRATO L'ANNO
NUOVO E L'AUGURIO A TUTTI
QUANTI SI RINNOVA.

GLI OCCHI SUL MONDO

Il mio cuore trabocca d'amore
per te che sei lontano dal cuore.
Per ciò che io vedo
oltre l'indifferenza.
Su quello che la natura ci offre
sulle piccole cose.
Vedo quello che gli altri non possono vedere
la bellezza della natura
Il lavoro di una formica
Il frastuono di un temporale
un'onda che si infrange sugli scogli.
Vedo attraverso gli occhi di un bambino
di un cuore solitario
di un'anima perduta
vedo oltre ogni immaginazione
il dolore di chi ha vissuto
gli occhi tristi
di chi nasconde una pena
vedo la poesia del mondo
in tutto il suo splendore
fatto di amore e di dolore.

MILLE PENSIERI

Calano le prime ombre della sera,
il mio cuore si dispera,
nel silenzio della notte
col suo manto tutto nero.
Una farfalla gira intorno
alla fioca luce
di una candela,
le ombre origliano,
come se volessero sapere,
i tetri pensieri della mia mente.
Ma loro si aggrovigliano,
si intrecciano, si mescolano
creando il caos del mio dormiente sapere.
Passano le ore con le pene del mio cuore,
la notte ingrata, non ne vuol sapere
e desto resto con i mille pensieri.

LETTERA APERTA DI UN ITALIANO
INCAZZATO!

Tu politico che rappresenti il paese,
votato in una primavera di speranza,
sei lì, tra i falsi di sinistra,
accompagnato dai falsi di destra.
Sei lì coi tuoi simili a fare il bello,
è brutto tempo,
agite come una vera MAFIA,
con le vostre mazzette,
indossate una divisa di infamia.
Voi vigliacchi impuniti della patria,
traditori, ciarlatani,
vendete fumo portando un autunno
di rassegnazione ai vostri elettori,
un inverno perenne di dolore
e sofferenza.
Non penso a voi dementi,
ma hai sorrisi e le gioie di un
estate mai finita.
Con la fierezza di essere italiano,
un percorso sincero a 5 stelle,
dove uno vale uno.
La radicale sofferenza
da diversi anni,
ci porta ad essere uniti,
senza colore di partiti,
A RIVEDER LE STELLE!

GLI OCCHI SUL MONDO

Il mio cuore trabocca d'amore
per te che sei lontano dal cuore.
Per ciò che io vedo
oltre l'indifferenza.
Su quello che la natura ci offre
sulle piccole cose.
Vedo quello che gli altri non possono vedere
la bellezza della natura
Il lavoro di una formica
Il frastuono di un temporale
un'onda che si infrange sugli scogli.
Vedo attraverso gli occhi di un bambino
di un cuore solitario
di un'anima perduta
vedo oltre ogni immaginazione
il dolore di chi ha vissuto
gli occhi tristi
di chi nasconde una pena
vedo la poesia del mondo
in tutto il suo splendore
fatto di amore e di dolore.

DEDICATO A CHI SA AMARE E A LEI (capirà)

SCRITTO DA UGO ZINZERI DOLCE è IL
GUARDAR DELLA MIA BELLA
NELL'INCURVAR DELLE SUE LABBRA,
QUANDO SORRIDONO CON GRAZIA
CONSUMATA DI CHI PER BELTà è STATA
CONIATA. OR CHE I SUOI CAPELLI FLUIDI
INCORNICIANO IL SUO VOLTO, DOLCE DI
SOSTANZA E DI BELTà TRASMESSA, IL COR
MI DICE CHE NON PIù ERRANTE MA
FERMATO ALL'ISTANTE. SE PUR LA
LONTANANZA CI SEPARA, IL MIO DILETTO
PENSIER CI ACCOMUNA, IL TUO SUBLIME
CARATTERE MI CONVIENE, SAPER CHE DI
DOLCE IL SAPOR MI OVVIENE DI CHI COL
CUOR SA OFFRIRE. IL CUOR SI APPAGA
NEL TUO DIRE QUANDO CON TE STO A
INTERLOQUIRE!

DOLCE è IL DESIO DI CHI BRAMI E ANCOR
PIù LE SUE DOLCI LUSINGHE ALL'AMORE,
IN COR TUO T'INCANTI A SENTIRLA
PARLARE E TI VANTI QUAND'ELLA COSì
SERIA, CAMMINA PER LE VIE AMMIRATA
PER LA SUA BELTà. LE SUE MOVENZE
T'INEBRIANO LA MENTE, IL SUO DIRE TI
INCUTE FIDUCIA, SOAVE è LA MUSICA CHE
INFONDE CON LE SUE PAROLE. IL SUO
SGUARDO COSì SUADENTE, LUMINOSI,
SPLENDENTI, IL SUO VOLTO RADIOSO,
CON CORNICE DI CAPELLI UN PO SMOSSI
DALLA TENERA BREZZA DEL MARE, LE SUE
LABBRA VOLUTTUOSE, VOGLIOSE PER UN
UOMO COSì ESIGENTE. NEI MIEI SOGNI

OGNI NOTTE TI RIVEDO E Lì VIVIAMO
ATTIMI INTENSI DI CONTINUA FELICITà.

67

OGGI HO VISTO COSE TERRIBILI!

SCRITTO DA UGO ZINZERI!!!!!
CARITAS
OCCHI SPENTI, RASSEGNATI DA CHI HA
PERSO LA DIGNITà, CAMMINANO NEL LORO
VUOTO DELLA VITA.
SI SENTONO SPERDUTI, ABBANDONATI,
I LORO SOGNI SONO SVANITI,
CANCELLATI, DISTRUTTI, DA UN INFAME
SOCIETà.
I TEMPI CHE FURONO, IL LAVORO SVOLTO
TUTTA UNA VITA , DISSOLTA COME NEBBIA
AL SOLE.
DISTRUTTA DALL'INGORDIGIA DI ALCUNI
PARASSITI CHE COME SANGUISUGHE SI
SONO ATTACCATE AL CORPO DEI
CITTADINI
E NON SI STACCANO.
NON C'è PIù FUTURO, NON C'è PIù
SPERANZA,
C'è SOLO LA VERGOGNA DI CHI SI SENTE
INUTILE.
SI VEGETA CON LA CONSAPEVOLEZZA DI
NON SERVIRE PIù
A NIENTE.
QUESTO è IL POPOLO SILENZIOSO DI CHI
NON SA REAGIRE,
CHE SI UMILIA GIORNO PER GIORNO
ANDANDO ALLA CARITAS,
COSTRETTO DA UN GOVERNO INFAME è
TRADITORE DEL
PROPRIO PAESE!!!!!!!!!!

L'ATTESA!

SCRITTA DA UGO ZINZERI
LA TUA IMMAGINE LA PORTO DENTRO,
ED OR SON PIù CONTENTO.
IL GIORNO PASSA LENTO,
MA QUANDO ARRIVA LA SERA,
CON LA SUA FIOCA LUCE,
COMINCIA IL TORMENTO DI UN ATTESA
SENZA TEMPO.
C'è SILENZIO NELLA NOTTE FREDDA E
SNERVANTE,
MA IL CUOR NON SI RIBELLA E ASPETTA
CON FIDUCIA.
IMMAGINO IL TUO VOLTO,
MIGLIAIA DI VOLTE PRONUNCIO IL TUO
NOME,
UN BICCHIERE DI VINO MI CONSOLA.
ASCOLTO UN PO DI MUSICA CON
PASSIONE,
PRONUNCIO ANCORA IL TUO NOME
E SPERO CHE ARRIVI AL TUO SENTORE
E CON INTREPIDO CORAGGIO,
ASPETTO IL TUO MESSAGGIO!

TI HO TROVATA
SCRITTA DA UGO ZINZERI

TI HO CERCATO IN LUNGO E IN LARGO,
CI HO IMPIEGATO UNA VITA,
HO PREGATO NELLE NOTTI BUIE,
MA NON TI TROVAVO,
MI SONO ACCONTENTATO DI TANTI
RAPPORTI INSIPIDI,
NON ERA QUELLO CHE VOLEVO.
PENSAVO CHE PRIMA O POI TI AVREI
TROVATA
E CHIUSI IL MIO SOGNO IN UN CASSETTO.
VIVEVO LA MIA VITA ALLA GIORNATA
SCRUTANDO L'ORIZZONTE,
MA NON SEI MAI ARRIVATA,
RASSEGNATO A VIVERE IN SOLITUDINE, HO
PRESO PER BUONA UN ILLUSIONE.
POI D'UN TRATTO PARLAI DEL MARE,
DEL PIACERE CHE MI DAVA LA SUA BREZZA
PUNGENTE,
DELLA MUSICA ANTICA SUONATA
DALL'ANDIRIVIENI DELLE ONDE,
TI HO VISTO APPARIRE NELLE SEMBIANZE
DI UNA SIRENA,
AVVOLGENTE COME UNA LUNA PIENA.
SEMBRAVA GUARDARMI ALLO SPECCHIO, I
STESSI PENSIERI,
LE STESSE EMOZIONI E LÌ TI HO DONATO IL
MIO CUORE.

LEI è NEL MIO CUORE
SCRITTA DA UGO ZINZERI

TI HO NEL CUORE COME UN GERMOGLIO
NELLA TERRA, CUSTODITO
TENERAMENTE.
PER TE, IL MIO CUORE è GONFIO COME
UN FIUME IN PIENA, DOPO UNA
TORRENZIALE PIOGGIA
O LO SCIOGLIERSI DELLE NEVI A
PRIMAVERA.
HO DAVANTI A ME LA TUA FOTO,
NELLO SPLENDORE DELLA TUA IMMAGINE,
CHE ACCENDE IN ME OGNI ADULAZIONE.
NELLE MIE NOTTI SOLITARIE,
DOVE IL MIO SONNO MI è NEMICO,
M'ILLUMINA IL TUO SORRISO,
SE PUR LONTANO,
COLMA LA MIA SOLITUDINE,
RIEMPIENDOMI DI INFINITO AMORE!

IL DESTINO!
SCRITTO DA UGO ZINZERI!

OR CHE COMINCIAI NEL FAR Sì,
DI DARE UNA SVOLTA AL MIO DESTINO,
QUALCOSA SI MOSSE.
GLI EVENTI SI SUCCESSERO CON
NEFANDA DIMESTICHEZZA,
NON UNO MA DUE, TRE, QUATTRO E
ANCOR Più,
L'INFERNO SI ERA SCATENATO CONTRO DI
ME.
NON RIUSCIVO A CAPIRE TANTO
ACCANIMENTO,
IL MONDO MI CROLLAVA ADDOSSO,
Più TENTAVO è Più ANDAVA MALE.
LA MIA TESTARDAGGINE MI IMPONEVA,
AD ANDARE AVANTI,
NON CURANTE DEGLI INFAUSTI
AVVENIMENTI.
FINChè TUTTO SI CALMò,
COME UN MARE IN TEMPESTA,
FINChè ARRIVASTI TU, SE PUR IN RITARDO.
IL SOLE COMINCiò A RISPLENDERE
DENTRO DI ME,
TUTTO PIAN PIANO SI SBLOCCò,
PIOVEVA ED ERO CONTENTO,
AFFIDAVO LE MIE PAROLE AL VENTO,
SUSSURRI, DOLCI LITANIE,
FRASI APPROPRIATE,
CHE GIUNGESSERO AL TUO SENTORE,
è NE FUI FELICE.
A VOLTE SI CADE SPESSO,
BASTA ASPETTARE CHE COME IL TEMPO,
TUTTO PASSA E RITORNANO I TEMPI
MIGLIORI.

E SCRIVO!
SCRITTA DA UGO ZINZERI!

è SCRIVO,
LA PENNA SCORRE VELOCE SUL FOGLIO
BIANCO,
TUTTE LE MIE EMOZIONI SVELATE,
TRA UN SORRISO è UNA LACRIMA,
SCRIVO L'AMORE, LA SOFFERENZA,
LA RABBIA, IL CALORE DELL'ANIMA,
LE ILLUSIONI CREATE DALLA MENTE.
LA PENNA NON SI FERMA,
CONTINUA A SCRIVERE SU QUEL FOGLIO
BIANCO,
DESCRIVENDO LE MILLE EMOZIONI
GIORNALIERE.
IL VOLO DI UNA FARFALLA,
IL CADERE DI UNA FOGLIA,
UN SORRISO, IL PIANTO DI UN BIMBO,
UN MIAGOLIO, L'ABBAIARE DI UN CANE.
è SCRIVO,
I DOLCI PENSIERI ALLA PROPRIA AMATA,
LA RABBIA SOPPRESSA DI CHI NULLA PUò,
LE LACRIME DI CHI HA PERSO LA
SPERANZA,
DI AVERE UNA PERSONA CHE ORMAI NON
C'è PIù!
IO SCRIVO!

AAAH L'AMORE
SCRITTA DA UGO ZINZERI

AAAH L' AMORE,
DUE ANIME CHE S'INCONTRANO,
DUE SGUARDI CHE S'INCROCIANO,
è RIEMPIONO I LORO CUORI
CON PAROLE PRONUNCIATE
SENZA TIMORE.
UN BRIVIDO ARDENTE
SCONVOLGE I LORO CORPI,
DUE CUORI TREMANTI
IN UN UNICA EMOZIONE,
NON C'è BISOGNO DI PAROLE,
SOLTANTO ISTANTI DI DOLCE
ATTRAZIONE.
SAZIARE LA PROPRIA ANIMA,
DI INFINITO AMORE.

PENSANDOTI
SCRITTA DA UGO ZINZERI

TI ASPETTO OGNI SERA TREPIDANTE
MA TU NON VIENI,
LASCI UN SORDO FRAGORE NEL CUORE
COSì AMMALATO D' AMORE,
IL SIBILO DEL VENTO DICE
CHE NON VUOI AMARMI.
LE DOLCI PAROLE DETTE COL CUORE,
SI ALLONTANANO COME UNA SIRENA,
HO IL FRAGORE DEL TUONO.
IL CUORE NON RAGIONA
CERCA OGNI MOTIVO,
OGNI COMPROMESSO,
OGNI SPERANZA.
DA PARTE TUA TUTTO TACE
NEL SILENZIO DELLA NOTTE
SI SENTE SOLTANTO
IL TUMULTO DEL CUORE
CHE NON SI RISTORA.

VICINO A TE
SCRITTA DA UGO ZINZERI

MI HAI PERCEPITO, NO? è COLPA MIA,
DEVO ALLENARE DI PIù LA MENTE
PER FAR SI CHE TU MI VEDA PRESENTE,
OPPURE AUMENTARE IL RITMO
DEL MIO CUORE IN MODO CHE
NE HAI SENTORE, SICURAMENTE
TI SONO VICINO è GODO
DEL TUO SPLENDORE.
QUANDO SEI TRISTE,SON Lì
VICINO A TE HA CONSOLARTI,
QUANDO SEI GIOIOSA,
RIDO INSIEME A TE,
QUANDO SEI AMMALATA,
SONO AL TUO CAPEZZALE AD
ACCAREZZARTI,
A FARTI CORAGGIO.
OGNI VOLTA CHE MI PENSERAI,
MI TROVERAI SEMPRE VICINO,
IO SONO SEMPRE Lì
ACCANTO A TE AD AMARTI!

Sogno lontano
scritto da Ugo Zinzeri

tu che sei il mio sogno così lontano,
ma tanto vicino, basta che chiudo
gli occhi e ti vedo accanto,
dolce come sempre è così soave.
La mia anima si riempie di calore,
tonifica la mia pelle ormai avvizzita,
nutrendosi dello splendore
della tua giovinezza,
un fiore già sbocciato,
mi inonda coi suoi riflessi,
fatto di mille colori.
Languide le parole,
sospiri tremolanti,
brividi e spasimi d'amore
compongono eccitazioni,
come un bacio struggente
se pur virtuale,
lascia un ricordo assai letale.

IL FATO
SCRITTO DA UGO ZINZERI

OR MI VIENE DA PENSARE CHE IL FATO,
PUò ESSERE DOLCE COME IL MIELE
O AMARO COME IL FIELE.
SOVRASTA LA MENTE,
SOVRASTA IL TEMPO ,
CIò CHE SUCCEDE NON è MAI
PERTINENTE.
PUò PORTARE GIOIE E DOLORE OGNI
MOMENTO,
NON TI AVVERTE, MA IN MAGICA
PRESENZA,
LEI SI ATTESTA.
IMPRECAZIONI O ADULAZIONI,
SON DI LIBERA AMMISSIONE,
MA NON CAMBIA IL TORMENTO
O L'INGENUA IRONIA CHE PORTA
ALLEGRIA.
NEI MOMENTI ANCORA BUI,
BEN ALTRA COSA PUò ARRIVARE.
CHE IL CUOR PUò RALLEGRARE,
DENARO MAI TROVATO,
O UN AMORE MAI CERCATO.
ARCANO è IL MISTERO,
A CUI NON C'è RIMEDIO,
A NULLA VALE SCERVELLARSI,
è ARROGANTE E ASSAI CAPARBIO,
E LE PAROLE ASSAI GENTILI,
NON TI CAMBIANO L'AVVENIRE!

CERCANDO TE
SCRITTA DA UGO ZINZERI

ho camminato calpestando pietre,
ho sparso molte lacrime al vento,
ho vissuto in solitudine come un eremita,
ho sormontato ostacoli,
mille volte son caduto,
mille volte mi sono rialzato,
ho attraversato oceani di follia,
più volte sono stato ingannato,
più volte con fatica ho respirato.
Ho volato sulle Ande desolate
attraversando paesi inesplorati,
tutto questo per cercare te,
adesso che ci sei,
tutto sembra cambiato,
le pietre son diventati prati verdi,
le lacrime si sono trasformati
in gemme preziose,
la solitudine in emozione,
il mio cuore si è placato,
ed io sono rinato.

ninna nanna Scricciolina

notte notte Scricciolina che il giorno s'avvicina,
i folletti per dispetto non vorrebbero averti a
letto,
ma il papà ti è vicino e ti tiene stretta stretta,
ti rimbocca le coperte e ti da un bel bacetto,
ninna nanna Scricciolina sogna gli angioletti,
che con loro giocherai,
la manina stretta stretta il tuo papà ti terrà,
il visino di bacini ti riempirà,
fino a quando piano piano il sonno arriverà
e Scricciolina serena dormirà.

www.ingramcontent.com/pod-product-compliance
Lightning Source LLC
La Vergne TN
LVHW010656200726
843507LV00011B/1896